OCT - 2007

JUVENILE

Renata Piątkowska

OPOWIADANIA DLA PRZEDSZKOLAKÓW

Renata Piątkowska

OPOWIADANIA DLA PRZEDSZKOLAKÓW

ilustracje Iwona Cała

bis

Warszawa 2004

Czarny lew

Jak ja nie lubię spać w przedszkolu po obiedzie. Wcale nie jestem śpiący i wolałbym bawić się z kolegami.

A pani każe nam przebierać się w piżamy i cicho leżeć. Kiedy próbujemy rozmawiać szeptem albo robimy do siebie miny i chichoczemy, to pani kładzie palec na usta i mówi: Ciiii.

Ale jak tu spać, kiedy za oknem świeci słońce? Czy ja jestem jakiś mały dzidziuś? Jak tak muszę leżeć, to się nudzę i wtedy najbardziej tęsknię za mamą. Zamykam więc oczy i myślę o czarnym lwie. Wszystkie lwy na świecie są żółte albo złote i tylko ten jeden jedyny mój lew jest cały czarny. Sam go sobie wymyśliłem i często myślę o nim, leżąc w łóżku. Przeżywamy razem wspaniałe przygody.

Tym razem mój czarny lew zabrał mnie na spacer do ZOO. Chciał tam odwiedzić swoich przyjaciół. Wielu z nich potrzebowało

5

jego pomocy. Na przykład biały niedźwiedź polarny. On źle znosi upały. Niestety nie może zdjąć swojego futra, a ochłody może zaznać tylko w wodzie. Chętnie pływa w swoim małym basenie, ale woda już się nagrzała i jest za ciepła dla misia.

Mój wspaniały czarny lew na wszystko znajdzie radę. Potrząsnął swoją czarną grzywą, coś tam mruknął pod nosem i już w basenie misia pływają lodowe kry. Niedźwiedź polarny wdrapuje się na jedną z nich i przyjaźnie macha nam łapą.

A tu już nowy kłopot. Wąską ścieżką sunie wolno żółw. Jest zmęczony i narzeka na wielkie odległości, które musi codziennie pokonywać.

– Tak bardzo chciałbym częściej odwiedzać moich przyjaciół – mówi cicho żółw – ale moje nogi nie chcą mnie już nosić. Są zbyt zmęczone.

W okamgnieniu lew znalazł sposób na kłopot żółwia. Podarował mu malutkie wrotki. Teraz żółw może poruszać się w takim tempie, że gdy się obejrzałem, żeby go pożegnać, już zniknął za zakrętem, pokrzykując radośnie.

A lew zatrzymuje się przy klatce z małpami. Małpy są smutne i zwisają z gałęzi drzew wyraźnie bez humoru. Dlaczego? Oczywiście brakuje im bananów. Dawno zjadły swoją porcję i ciągle im mało. Lew potrząsa czarną jak smoła grzywą i pod drzewami robi się żółto od kiści bananów. Małpy z wrzaskiem rzucają się na swój przysmak. Zamiast podziękować, robią do lwa małpie miny. Jak to małpy.

Przy sąsiednim ogrodzeniu stoi zebra. Widać, że niecierpliwie czeka, kiedy do niej podejdziemy. A gdy jesteśmy już blisko, długo szepcze coś do czarnego ucha lwa. Wskazuje przy tym na jakąś nieznajomą panią, która spaceruje wzdłuż wybiegu dla kucyków. Ta pani ma sukienkę w czarno-białą kratkę. Potem zebra pokazuje z niezadowoleniem swoje czarno-białe pasy. Nie chciała już nosić pasów, jak wszystkie zebry.

Pragnęła mieć na sobie czarno-białą kratę. I tak też się stało za sprawą czarnego lwa. Zebra była w kratkę, tak że można było grać na niej w warcaby. Wyglądała dziwnie, ale poczuła się szczęśliwa.

– Ach, te kobiety – mruknął lew. Do mnie zaś powiedział: – My, Tomku, musimy już chyba wracać. Wskakuj na mój grzbiet, trzymaj się mocno grzywy i pędzimy.

I tak bezszelestnie gnaliśmy przez alejki w ZOO, a ja mocno ściskałem w palcach jedwabistą grzywę jedynego na świecie czarnego lwa.

– Tomku! Tomku, obudź się! Dlaczego tak mocno ściskasz w palcach frędzle swojego kocyka? Czy coś ci się śniło? – pyta mnie pani.

Jakie frędzle? To przecież grzywa lwa. I co to? Czy to zebra w kratkę mnie budzi, czy nasza pani w kraciastej sukience? A na stoliczkach leżą przygotowane na podwieczorek banany. Wszystko mi się pomieszało!

– Zaraz małpy rzucą się na te banany – ostrzegłem panią. – Dzisiaj są wyjątkowo głodne.

– Tomku, nie małpy, tylko dzieci, i nie rzucą się, tylko grzecznie zjedzą. Brzydko tak przezywać kolegów – upomniała mnie pani.

Przecież ja nikogo nie chciałem przezywać.

Ale tego nie da się wytłumaczyć dorosłym.

Dziura

Jak ja lubię bawić się moimi rycerzami. Zwłaszcza w dużym pokoju na podłodze. Tam jest tyle miejsca, że mogę rozpętać prawdziwą wojnę. Mój ulubiony rycerz ma złotą zbroję, niebieską tarczę i niebieskie siodło. Siedzi na wspaniałym czarnym koniu.

Wyglądałby dużo lepiej, gdyby miał zarzucony na ramiona płaszcz – pomyślałem.

Widziałem na obrazku w książce rycerzy pędzących na koniach. Ich zbroje lśniły w słońcu, a za nimi powiewały kolorowe płaszcze.

Gdyby mój rycerz miał taki długi, najlepiej niebieski płaszcz, wyglądałby jak oni – rozmarzyłem się.

I w tej chwili zauważyłem, że tuż obok mnie wiszą długie do samej ziemi ciemnoniebieskie zasłony z grubego, mięciutkiego materiału.

Świetnie nadawałyby się na taki płaszcz – pomyślałem, gładząc w rękach delikatny materiał.

Potrzebuję przecież tylko małego kawałeczka. Gdybym tu odciął, nic by się nie stało. Te zasłony i bez tego kawałka zasłonią okno. No co to komu szkodzi? – zastanawiałem się.

Nożyczki jakoś tak same wpadły mi w ręce, chociaż zazwyczaj, gdy chcę coś wyciąć, muszę ich długo szukać. I już po chwili miałem w palcach zgrabny kawałek zasłony w sam raz na rycerski płaszcz. Potem zrobiłem dziurki na głowę i ręce. W tym długim do samej ziemi płaszczu mój rycerz wyglądał jak król.

Bawiłem się w najlepsze do wieczora. A gdy się ściemniło, babcia zapaliła światło i zasunęła zasłony. Wtedy wszyscy zobaczyli sporą dziurę wyciętą tuż przy ziemi. Niczego nie musiałem wyjaśniać, bo mama i babcia od razu zauważyły mojego rycerza w płaszczu. Mama spojrzała na mnie z wyrzutem i spytała:

– Dlaczego nie poprosiłeś o jakiś kawałek materiału do zabawy?

– Bo ten nadawał się najlepiej. Mamo, on jest w takim samym kolorze jak tarcza i siodło. Nie znalazłbym lepszego – starałem się wyjaśnić.

Widziałem, że mama jest zagniewana. Babcia też była przeciwko mnie.

– Co ty najlepszego zrobiłeś?! Takiego materiału nie da się już dokupić! A ta dziura wygląda okropnie! – rzadko mówiła do mnie takim ostrym tonem.

Mama zdjęła płaszcz rycerza i przyłożyła go w miejsce dziury.

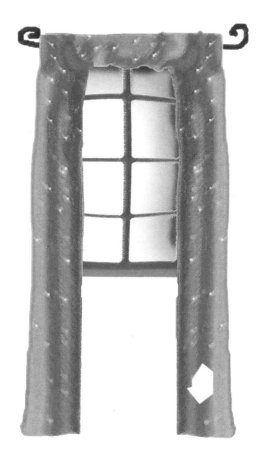

– Myślałam, że może dałoby się ten kawałek jakoś przyszyć, ale nie wygląda to najlepiej – powiedziała.

Wtedy do pokoju wszedł nasz kot Mruk. Podszedł do okna i usiadł obok dziury tak, że na chwilę ją zasłonił, za co byłem mu wdzięczny.

– Byłoby najlepiej, gdyby ten kot zawsze tam siedział. Wtedy zasłoniłby sobą tę dziurę – stwierdził tata, który właśnie wrócił z pracy. Babcia już w przedpokoju opowiedziała mu o zniszczonej zasłonie.

– Raczej by ją zakocił, a nie zasłonił. To jest przecież kot, a nie słoń. Zawsze jak ktoś mówi „zasłonić", to od razu wyobrażam sobie słonia – za wszelką cenę chciałem zmienić temat.

– Tomek, nabroiłeś i jeszcze sobie żarty stroisz? – zezłościła się mama.

Wtedy wpadłem na genialny pomysł. Zerwałem się z podłogi i pobiegłem do mojego pokoju. Po chwili przyniosłem dziesięć pięknych złotych gwiazd. Były zrobione z błyszczącego, samoprzylepnego papieru.

– Pani w przedszkolu dała nam takie gwiazdki. Mamy sobie nimi ozdobić pokój, bo zbliżają się święta. Można by je przylepić na zasłonie. A jedną z nich zasłonić tę dziurę, a właściwie zagwieździć – powiedziałem.

I już za chwilę, dzięki pomocy taty, dziesięć pięknych gwiazd zdobiło ciemnoniebieską zasłonę. Wyglądało to tak, jakby kawałek roz-gwieżdżonego nieba znalazł się nagle w naszym pokoju.

– Pięknie wyszło, prawda? – spytałem. – Mamo, babciu, prze-praszam. Nie gniewajcie się już. Ja nie chciałem zniszczyć zasłony, tylko chciałem mieć płaszcz dla rycerza. Już nigdy tak nie zrobię – obiecałem.

Potem pobiegłem do łazienki, żeby jak najszybciej się umyć i przy-gotować do snu. Wyjątkowo tego wieczoru nie kusiło mnie wcale, żeby posiedzieć dłużej z rodzicami w dużym pokoju. Kiedy już leżałem w łóżku, zastanawiałem się, czy po tym, co się stało, mama przyjdzie jak zawsze ucałować mnie na dobranoc. Przyszła. Przeczytała mi jak co wieczór bajkę, a potem przytuliła mnie i nawet uśmiechnęła się do mojego rycerza w niebieskim płaszczu, którego cały czas trzyma-łem w dłoni. O zniszczonej zasłonie nie wspomniała już ani słowem.

– Mama jest kochana – szepnąłem do rycerza.

Dobrze, że nie zrobiłem płaszczy dla wszystkich moich rycerzy, a mam ich jeszcze ze czterdziestu. Mama i babcia chyba by mi nie darowały, ale rycerze wyglądaliby pięknie – pomyślałem, zasypiając.

Balbina

Jak ja lubię myszy, a najbardziej szare, malutkie, z czarnym noskiem i długim ogonem. A najpiękniejszą myszą na świecie jest Balbina. Ona należy do Filipa, naszego kolegi z przedszkola. Nie wiedzieliśmy, że Filip ma mysz, aż do chwili, gdy nasza pani poprosiła:

– Dzieci, przynieście jutro do przedszkola wasze ulubione zabawki. Niech każde dziecko przyniesie jedną, tę najukochańszą.

Ja zabrałem koparkę. Inni chłopcy przynosili fajne auta, samoloty i roboty. Ale najbardziej zadziwił wszystkich Filip, który przyniósł szarą myszkę. Powiedział nam na wstępie:

– Ona nazywa się Balbina. Możecie ją pogłaskać, tylko bardzo delikatnie, najlepiej palcem wskazującym.

Oczywiście wszyscy chcieli pogłaskać Balbinę. Nasza pani nie była jednak zachwycona.

– Prosiłam, Filipku, żebyście przynieśli ulubione zabawki, a nie zwierzątka – powiedziała.

– Ale Balbina jest moim ulubionym zwierzątkiem, lepszym od wszystkich zabawek – wyjaśnił Filip.

– No, już dobrze. A teraz umyjcie rączki i siadajcie do śniadania – poprosiła pani.

W czasie gdy my jedliśmy, Balbina siedziała w swoim domku, czyli małej klatce. Miała tam dwie miseczki: jedną na wodę, a drugą na jedzenie. Po śniadaniu, na które była bułka z żółtym serem i kakao, ta miseczka na jedzenie była pełna sera. Każdy z nas chciał dać Balbinie od siebie choć kawałeczek. Najedzona Balbina leżała w klatce i wszyscy czekali, aż zaśnie, żeby się przekonać, czy będzie

 16

spała na boku, czy na plecach. I chyba wszyscy myśleli o jednym: że byłoby super mieć taką mysz.

– Chciałbym mieć taką, ale taką samą jak Balbina – powiedział Jaś.

– Ja też – powiedziała Basia.

– I ja! I ja! – rozległy się głosy.

– Najlepiej by było, gdyby Balbina urodziła dużo małych myszek. Każdemu po jednej, czyli dwadzieścia, bo tyle jest dzieci w naszej grupie. I wtedy wszystkie myszki byłyby podobne do Balbiny, bo byłyby jej dziećmi – wymyśliła Marta.

– I każdy mógłby mieć swoją Balbinkę – zachwyciła się Ula.

– Ale Balbina musiałaby mieć męża. Zawsze najpierw są rodzice, a potem dzieci – wtrącił Witek.

– Ładnie by pasowało, gdyby jej mąż miał na imię Balbin – powiedział Jurek.

– Proszę pani, czy mąż Balbiny może mieć na imię Balbin? – spytała Ula.

– Nie, ponieważ nie ma takiego imienia – wyjaśniła pani.

– No to może być Albin – zaproponował Paweł. – Takie imię na pewno istnieje, bo tak nazywa się mój dziadek.

– Tak, takie imię istnieje – zgodziła się pani. – Ale o czym wy w ogóle mówicie? – zaniepokoiła się. – Jaki mąż dla Balbiny? Ja nie mogę się zgodzić na następną mysz. Przedszkole to nie zoo. Poobserwujcie sobie tę myszkę, jeśli tak bardzo chcecie, ale o Albinie nie może być mowy – stwierdziła stanowczo pani.

– No to skoro ona nie może mieć Albina za męża, to ostatecznie ja się mogę z nią ożenić – powiedział Przemek.

To jest superpomysł. Że też ja pierwszy na to nie wpadłem, pomyślałem ze złością.

– Dzieci, posłuchajcie – poprosiła pani. – Człowiek nie może się ożenić z myszką, kotkiem czy pieskiem. Zwierzęta łączą się w pary ze sobą, to znaczy kot z kotką, mysz z myszką, pies z suczką, a ludzie ze sobą, to znaczy kobieta z mężczyzną. Inaczej być nie może. A poza tym żenią się ludzie dorośli, więc ty, Przemku, masz jeszcze czas na szukanie żony. I bardziej pasowałaby do ciebie żona bez ogona – dodała pani ze śmiechem.

No i z czego nasza pani się śmiała? Przecież my dalej nie wiemy, skąd wziąć dwadzieścia małych myszek, dla każdego po jednej.

Koń

Jak ja nie lubię zupy jarzynowej. Zwłaszcza jak jest gorąca i posypana pietruszką. A babcia nalała mi dwie pełne chochle takiej zupy na talerz.

– Tomku, zjedz, bo ci wystygnie – powiedziała.

Na szczęście na stole stała cukierniczka. Wysypałem trochę cukru na stół. Układałem kryształki jeden za drugim, aż powstał piękny, długi wąż. Wtedy babcia zawołała:

– Tomku, nie rozsypuj cukru po stole i zjedz wreszcie tę zupę!

– Tomek! – tym razem to był głos mojej siostry Agnieszki. – Znowu zrobiłeś bałagan w moim pokoju. Na podłodze jest pełno rozsypanych kredek i papierków po cukierkach. Babciu, on to musi posprzątać! – krzyczała Agnieszka.

A ja patrzyłem w okno i myślałem, jak by to było wspaniale, gdybym w tej chwili zamienił się w pięknego konia. Najlepiej, żebym miał kolor brązowy, jak wyjęte z łupiny kasztany. Widziałem takiego konia na ulicy, zaprzęgniętego do dorożki. Gdybym był takim koniem, nie musiałbym jeść zupy, ani sprzątać kredek. Wyskoczyłbym przez okno, wprost na podwórko. Chłopcy z sąsiedztwa, którzy czasem mi dokuczają, patrzyliby na mnie ze strachem. A ja pobiegłbym do szpitala, w którym pracuje mama. Mogłaby usiąść na moim grzbiecie i ułożyć tam wszystkie ciężkie siatki, które zawsze nosi. Zawiózłbym ją do domu. Mama pochwaliłaby mnie, mówiąc:

– Co za wspaniała jazda, Tomku. Jesteś bardzo silny, dziękuję.

Potem pobiegłbym na boisko. Tam chłopcy grają w piłkę. Wszyscy chcieliby mieć mnie w swojej drużynie. Galopowałbym po boisku

i żaden zawodnik nie byłby szybszy ode mnie. Gole mógłbym strzelać wszystkimi czterema nogami. A po meczu zawiózłbym na swoim grzbiecie wszystkich chłopaków na lody. Ludzie na ulicy mówiliby:
– Ach, jaki piękny koń.

Pani w budce z lodami wkładałaby mi gałki lodów wprost do buzi, bo nie mógłbym trzymać w kopytkach wafelka.

Tylko dlaczego te lody są ciepłe i smakują jak zupa jarzynowa?! Och nie! To babcia wkłada mi do ust łyżki pełne zupy.

– Zapatrzyłeś się w okno i musiałam cię nakarmić. Bo inaczej zupa zupełnie by wystygła – tłumaczyła z uśmiechem babcia.

W kuchni pojawiła się mama.

– O, talerz już pusty. To świetnie, bo zabieram ciebie i Agnieszkę na plac zabaw – powiedziała.

Uśmiechnąłem się i jak szalony zacząłem podskakiwać na jednej nodze. Potem przytuliłem się mocno do mamy i powiedziałem:

– Jak to dobrze, że jednak nie jestem koniem. No bo pomyśl, mamo, jak koń wyglądałby na zjeżdżalni albo na huśtawce.

– Tomku, dlaczego miałbyś być koniem? – spytała zdumiona mama.

Ach, ci dorośli, oni nigdy nic nie rozumieją – pomyślałem. I pobiegłem szukać foremek do piasku.

Miejsce pod choinką

Jak ja lubię, gdy zbliżają się święta. Babcia piecze wtedy pyszne ciasta, mama nuci kolędy, a w dużym pokoju tata stawia prawdziwą, pachnącą choinkę. W tym roku babcia jak zwykle upiekła też makowiec dla naszej sąsiadki, pani Zosi. Zawsze przed świętami zanosimy jej ciasto i składamy życzenia. Pani Zosia to miła staruszka o włosach białych jak mleko. Mieszka sama i widać, że cieszą ją nasze odwiedziny.

– Wesołych, zdrowych świąt, pani Zosiu – powiedziała mama

– I wielu prezentów pod choinką – dodałem.

– Och, dziękuję wam, moi kochani. No, ale jeśli chodzi o te prezenty, to może być kłopot, bo pod moją choinką niewiele się zmieści. Gałązki sięgają do samej podłogi – powiedziała sąsiadka.

– A teraz zapraszam do kuchni na herbatę. Tomku, jeśli masz ochotę obejrzeć moją choinkę, to zajrzyj do pokoju – dodała.

Zajrzałem i zobaczyłem dużą, starą choinkę. Była ciemnozielona i sztuczna. W niektórych miejscach opadły z niej plastikowe igiełki, więc była trochę łysa. Pani Zosia ozdobiła ją bombkami w kształcie aniołów i księżyców. Takich bombek nie widziałem w żadnym sklepie, musiały być bardzo stare. Choinka została opleciona elektrycznym oświetleniem, ale wiele lampek nie świeciło, miały chyba przepalone żaróweczki. No i rzeczywiście, jej gałązki sięgały do samej podłogi.

Oj, nie ma tu za wiele miejsca na prezenty – pomyślałem. – A gdyby tak te gałązki wiszące tuż nad ziemią odłamać, to zrobiłoby się miejsce na różne paczuszki i pudełeczka.

I zaraz zabrałem się do roboty. Gałązki łamały się bez trudu, bo były stare i kruche. Ostrożnie zdejmowałem kolorowe bombki

z cieniuteńkiego szkła i wieszałem je na wyższych gałązkach. A te niższe pięknie oberwałem, i wtedy pod drzewkiem zrobiło się dużo miejsca.

Ułamane gałęzie zgarnąłem na kupkę i powstał z nich całkiem spory stosik. Gdy wszystko było gotowe, poprosiłem mamę i panią Zosię, aby obejrzały moje dzieło.

Stanęły w drzwiach i zobaczyły oskubaną choinkę, pod którą zmieściłby się teraz prezent wielkości kanapy. Sąsiadka aż przysiadła z wrażenia, a mama zbladła i oparła się o ścianę.

– No, teraz zmieści się tu mnóstwo prezentów, może pani już spokojnie czekać na święta – powiedziałem ucieszony.

A wieczorem znowu byliśmy u pani Zosi. Tym razem przyszedłem z tatą. Przynieśliśmy piękną, nową choinkę, a do tego komplet lampek w prezencie. Tata zaofiarował się, że zaraz ustawi choinkę w pokoju i założy nowe oświetlenie. Przeprosiliśmy też za zniszczenie drzewka. Ale pani Zosia nie chciała słuchać żadnych przeprosin. Powiedziała, że miałem dobre zamiary, a to jest najważniejsze.

– Dziękuję za to piękne drzewko, będzie mi służyło przez całe lata – powiedziała z uśmiechem. – A tej starej choinki nie wyrzucę. Jakoś mi szkoda. Postanowiłam, że postawię ją na balkonie. Niech ją ozdobi padający śnieg – dodała pani Zosia.

– No to będzie pani miała dwie choinki i pod każdą dużo miejsca na prezenty – zachwyciłem się.

– Rzeczywiście – przyznała staruszka.

– Tatusiu, pani Zosia jest genialna. Ja bym nie wpadł na taki pomysł. Chodź, tatusiu, szybko idziemy do domu.

– Skąd ten pośpiech? – zdziwił się tata.

– Jak to skąd, przecież my też mamy balkon! – wyjaśniłem.

Lokator

Jak ja lubię, kiedy przytrafi mi się coś wyjątkowego. A coś takiego zdarzyło się właśnie dzisiaj w przedszkolu. Zaczęło się od tego, że na podwieczorek pani przyniosła jabłka.

– Zanim je zjecie, proszę, aby każdy namalował swoje jabłko. Obejrzyjcie je więc dokładnie, jaki ma kształt i kolor. Kto skończy malować, może zjeść jabłuszko. Oczywiście to prawdziwe, a nie to namalowane – powiedziała pani z uśmiechem.

Moje jabłko było bardzo ładne, okrągłe, czerwono-żółte. Wystawał z niego brązowy ogonek z malutkim listeczkiem. Tylko w jednym miejscu było jakby trochę uszkodzone, to znaczy miało niedużą dziurkę. Zastanawiałem się właśnie, czy ją namalować, gdy nagle z tego otworka wyjrzała maleńka główka jakiegoś robaczka. Tego się zupełnie nie spodziewałem, zawołałem więc głośno:

– Moje jabłko ma lokatora!

Wszystkie dzieci skupiły się wokół mojego stolika.

– To niesprawiedliwe! Czemu Tomek ma jabłko nadziewane robaczkiem, a ja nie?! – złościł się Wiktor.

– I co teraz zrobić z tym jabłkiem? Nie zjem przecież mieszkania takiemu maleństwu – zastanawiałem się.

A z dziurki wysunął się już całkiem spory kawałek maleństwa, które rozglądało się ciekawie wokoło.

– Nie możemy zostawić go w sali, bo będzie mu tu smutno – powiedziała Marta, patrząc na robaczka.

– Najlepiej będzie, jak zaniesiemy to jabłko do naszego ogródka. Tam jest słońce i świeże powietrze, a robaczek będzie mógł wyjść z jabłka i pobiegać sobie po trawie – dodała.

I to rozwiązanie spodobało się wszystkim. A ja dostałem na podwieczorek inne jabłko – tym razem w środku był tylko ogryzek.

Gdy wyszliśmy do ogródka, położyliśmy jabłko na trawie pod drzewem. Chwilę potem Patryk znalazł koło piaskownicy dżdżownicę. Była trochę podobna do naszego robaczka, tak jak on długa, cienka i różowa.

– Skoro taka podobna, to może to jest jego ciotka? – zastanawiał się Jaś.

Kasia przyjrzała się i zdecydowała:

– Na pewno ciotka, to od razu widać.

Chłopcy przynieśli ją więc pod drzewo i owinęli ciotkę-dżdżownicę wokół ogonka jabłka.

Teraz, gdy robaczek wysunie główkę z dziurki, spotka się natychmiast oko w oko ze swoją ciotką. A my wreszcie mogliśmy spokojnie się bawić, wiedząc, że robaczek nie będzie już samotny.

Jeszcze kilka razy dostaliśmy na podwieczorek jabłka. Każdy z nas bardzo dokładnie oglądał swoje, ale już nigdy nikomu nie trafiło się jabłko z lokatorem.

Motorniczy

Jak ja lubię, gdy mama odbiera mnie z przedszkola. Idziemy sobie wtedy spacerkiem na przystanek tramwajowy, rozmawiamy o ważnych sprawach i nikt nam nie przeszkadza.

– Co robiliście dzisiaj w przedszkolu? – spytała jak zwykle mama.

– Dzisiaj każdy miał powiedzieć, kim chciałby zostać, jak dorośnie – odpowiedziałem.

– A ty kim chciałbyś być? – zaciekawiła się mama.

– Oczywiście motorniczym. Będę kierował tramwajem. Taki motorniczy jest najważniejszy. Cały dzień jeździ sobie po mieście i wozi ludzi. Jak ma dobry humor, to zaczeka na jakiegoś spóźnialskiego pasażera, a jak nie, to mu zamknie drzwi przed nosem. No i ma zawsze miejsce siedzące na samym przodzie – wyjaśniłem.

– A co wybrały inne dzieci? – chciała wiedzieć mama.

– Witek też chce być motorniczym, ale myślę, że ściągnął to ode mnie, bo jeszcze niedawno chciał być generałem.

– A inni? – spytała mama.

– Kilku chłopców chce prowadzić pociągi. Ale ja wolę tramwaj. Pociąg często jedzie przez różne okolice, gdzie nic się nie dzieje, to musi być nudne. A tramwaj jeździ po mieście, wszędzie jest pełno ludzi, samochodów, jest fajnie. No, zresztą sama wiesz, mamo – powiedziałem.

– No tak. A dziewczynki co chciałyby robić, gdy dorosną? – spytała mama.

– One wszystkie chcą być aktorkami albo piosenkarkami. To będzie straszne, jeśli będę musiał oglądać je codziennie w telewizji – odparłem.

– Nie martw się, one mogą jeszcze zmienić plany – pocieszyła mnie mama.

– One może tak, ale ja nie. I dziwię się tacie, że on nie chciał zostać motorniczym – stwierdziłem.

– Pewnie też chciał, ale jak dorósł, to zainteresował się czymś innym. Może jak ty dorośniesz, nie będzie już tramwajów. Ludzie mogą wymyślić lepszy sposób przewożenia pasażerów. Coś nowocześniejszego, szybszego, wygodniejszego – powiedziała mama.

– To wtedy będę pracował w ZOO. Będę opiekował się zwierzętami, karmił je i głaskał. Mam nadzieję, że jak dorosnę, to będą jeszcze zwierzęta i ludzie nie wymyślą zamiast nich czegoś nowocześniejszego i wygodniejszego – stwierdziłem.

– Widzę, że najchętniej to woziłbyś zwierzęta tramwajem po mieście – zaśmiała się mama.

– Mamo, jesteś genialna! To byłoby super! Tylko jak one kasowałyby bilety? – spytałem z niepokojem.

Obudzona królewna

Jak ja lubię, kiedy w przedszkolu odbywa się przedstawienie, takie z prawdziwymi aktorami. Już od kilku dni wiedzieliśmy, że właśnie dziś obejrzymy „Królewnę Śnieżkę". Pomagaliśmy pani przygotować dużą salę, teraz stoją tam rzędy krzeseł, a pod oknem jest scena. Gdy aktorzy ustawiali na niej dekoracje, my staliśmy grzecznie w parach przed drzwiami. Bardzo mi zależało, żeby być w pierwszej parze, bo chciałem wybrać sobie miejsce jak najbliżej sceny. Wtedy wszystko najlepiej widać i nikt nie zasłania.

No i udało mi się. Siedziałem w pierwszym rzędzie przy samej ścianie. Z chwilą rozpoczęcia przedstawienia zgasły światła w sali i tylko scena była dobrze oświetlona. Gdy pojawiła się Śnieżka, byłem zachwycony. Była tak śliczna, że nie dziwiłem się magicznemu zwierciadełku, które na pytanie złej królowej: „Kto jest najpiękniejszy w świecie?", odpowiadało: „Tyś, królowo, piękna jak gwiazdy na niebie. Ale Śnieżka jest tysiąc razy piękniejsza od ciebie". Bardzo się o nią martwiłem, gdy błąkała się sama po lesie, ale na szczęście znalazła domek krasnoludków. No i nie ma się co dziwić, że one wkrótce ją pokochały. Kiedy pojawiła się zła wiedźma i ofiarowała Śnieżce zatrute jabłko, to aż zacisnąłem ręce na poręczy krzesła i na chwilę zamknąłem oczy. Wolałem nie widzieć, co się stanie, gdy ona ugryzie to jabłko. No i stało się! Śnieżka upadła na ziemię i już nikt nie potrafił jej obudzić. Ale najbardziej się wzruszyłem, gdy biedne krasnoludki przekonane, że ich ulubienica nie żyje, włożyły ją do kryształowej trumny i obsypały kwiatkami. Kiedy mój ulubiony krasnoludek Gapcio zalał się łzami, a biedna Śnieżka leżała taka blada i nieruchoma, nie wytrzymałem. Pomyślałem, że jeśli zapalę światło w sali i głośno krzyknę, to ona musi się obudzić. Siedziałem przy samej ścianie i tuż nad moją głową był włącznik światła. Sięgnąłem do niego paluszkiem i zrobiłem pstryk!, a wtedy całą salę zalało jasne światło. Jednocześnie wrzasnąłem z całej siły:

– Śnieżko! Obudź się!

No i udało się. Zdumiona Śnieżka otworzyła oczy i usiadła w swojej trumnie. Krasnoludki oniemiały, myślę, że z zachwytu. Byłem

z siebie dumny. Ale na sali powstało zamieszanie. Pani zerwała się z miejsca, zgasiła światło i zaczęła uspokajać dzieci, które były bardzo zadowolone, że obudziłem Śnieżkę.

Mama była mniej zadowolona, gdy jej o wszystkim opowiedziałem. Ale nie martwię się, bo wiadomo, że dorośli pewnych rzeczy nigdy nie zrozumieją. Zastanawia mnie tylko jedno. Jak to było z tym jabłkiem. Zostało zatrute przez złą wiedźmę i ten, kto je skosztował, zapadał w sen. Tak się przecież stało ze Śnieżką, tylko że ona miała szczęście, bo ja ją uratowałem. Ale to zatrute jabłko, kiedy wypadło jej z rąk, potoczyło się aż do pierwszego rzędu krzeseł. A tam siedział gruby Marek, największy łakomczuch w naszym przedszkolu. On to jabłko podniósł i natychmiast zjadł. No i najdziwniejsze jest to, że on nie zasnął, nawet nie ziewnął. Więc coś z tym jabłkiem było nie tak.

Następna bajka, jaką obejrzymy, to będzie bajka o Kopciuszku. Informując nas o tym, pani dodała:

– Ty, Tomku, podczas tego przedstawienia będziesz siedział tuż obok mnie i jak najdalej od włącznika światła. Bo ja jestem pewna, że gdy Kopciuszek zgubi swój pantofelek, ty natychmiast będziesz chciał zapalić światło, odszukać bucik i wcisnąć jej na nogę. Więc żeby temu zapobiec, muszę cię tym razem dobrze pilnować.

– Wcale bym jej nie zakładał pantofelka – powiedziałem urażony.

– To dobrze. Więc masz zamiar siedzieć spokojnie podczas tego przedstawienia? – chciała się upewnić pani.

– Oczywiście. Ja tylko na samym początku powiem jej, żeby założyła sobie grube skarpety. Bo jak się ubierze takie skarpety, najlepiej wełniane, to nawet trochę za duże buty nie spadają z nóg. No i po kłopocie – wyjaśniłem.

– Tomek! Ręce mi opadają, gdy słyszę, co masz zamiar zrobić – jęknęła pani.

– No niestety nie wiem, co trzeba założyć, gdy komuś spadają ręce – zmartwiłem się.

No i z czego ta pani się śmiała?

Portret taty

Jak ja lubię rysować. A właśnie wczoraj w przedszkolu nasza pani powiedziała:

– Dzieci, zbliża się Dzień Ojca. Z tej okazji niech każde dziecko namaluje portret swojego taty. Potem oprawimy wasze rysunki w ramki i prezent gotowy.

Wszystkie dzieci zabrały się do pracy. Malowały w skupieniu. Niektóre z przejęcia wysunęły nawet koniuszki języków, a inne przygryzały wargi.

– Tomek, zobacz – powiedział Maciek, pokazując swój rysunek. – Mój tata jest nawet trochę podobny do twojego.

– No chyba tak. Rysunki Wiktora i Szymka też mało się różnią od naszych – stwierdziłem.

– Za to zobacz rysunek Bartka – szepnął Maciek. – On namalował tacie długie włosy i kolczyk w uchu.

– No to może on się pomylił i narysował swoją mamę – zaciekawiłem się.

Inne dzieci też zwróciły uwagę na rysunek Bartka.

– Proszę pani, czy tak może wyglądać tata? – zapytała Ania, wskazując palcem na kartkę Bartka.

– Jego tata ma dłuższe włosy niż moja mama – zmartwiła się Marta.

– Odczepcie się – zdenerwował się Bartek. – Mój tata ma długie włosy, bo mu się tak podoba.

– Ciekawe, czy on czasem zaplata je sobie w warkoczyki? – chciała się dowiedzieć Ania.

– To nie może być tata – stwierdził Olek – bo panowie nie noszą kolczyków. To na pewno jest jego mama.

– Wcale nie. – Bartek był już bliski łez. – To jest mój tata, a wy się nie znacie!

Pani kazała dzieciom powiesić gotowe rysunki na ścianie. Jednak Bartek schował swój obrazek i nie chciał go już nikomu pokazać.

– Dzieci – powiedziała pani. – Tatuś Bartka nosi długie włosy i kolczyk w uchu. Bartek świetnie go namalował, bardzo mi się podoba jego praca. Tata Bartka jest muzykiem, artystą, występuje na scenie. Artyści często ubierają się kolorowo, noszą długie włosy, czasem nawet farbują je na różne kolory. Ale pamiętajcie, że jeśli ktoś wygląda lub ubiera się inaczej, to nie powód, żeby się z niego śmiać lub mu dokuczać.

– A mój sąsiad jest kominiarzem! – zawołał Jacek. – Ten to dopiero wygląda! Ale ja się z niego nie śmieję – dodał szybko.

– A ja widziałam kiedyś, jak występowały baletnice, były śliczne. A potem na scenę wbiegli panowie, tancerze. Ładnie tańczyli, ale byli ubrani tylko w takie obcisłe rajtuzy. Nikt się z nich nie śmiał, ludzie nawet bili brawo – powiedziała Agata.

Całe szczęście, że mój tata nie jest tancerzem – pomyślałem. – Bo jak on by wyglądał w obcisłych rajtuzach?

– Dzieci, jutro w przedszkolu będzie dzień muzyczny. Poznacie różne instrumenty. Zobaczycie, jak się na nich gra. To właśnie tata Bartka opowie wam wiele ciekawych rzeczy o muzyce. Choć jest bardzo zajęty, zgodził się być naszym gościem – zapowiedziała pani.

I rzeczywiście, następnego dnia tata Bartka przyniósł do przedszkola gitarę, harmonijkę, flet i skrzypce. Potrafił grać na wszystkich tych instrumentach. Jakoś nikt nie wspominał już o jego długich włosach i kolczyku w uchu.

Tata Bartka zachęcał wszystkich, by spróbowali zagrać coś na flecie lub gitarze. Dzieci były zachwycone, a Bartek pękał z dumy. Już nikt nie śmiał się z jego rysunku, który Bartek nie wiadomo kiedy powiesił obok innych.

Po powrocie z przedszkola spytałem tatę:
– Tato, czy ty potrafisz grać na jakimś instrumencie?

 44

– Nie – odparł tata.

– A czy mógłbyś zapuścić sobie włosy, tak do ramion?

– Raczej nie chciałbym mieć takich długich włosów – odparł zdziwiony tata.

– A może chciałbyś chociaż mieć kolczyk w uchu? – zapytałem.

– Kolczyk? Nie, to chyba boli, gdy przebija się ucho. Nie chciałbym nosić kolczyka – stwierdził tata.

– No to szkoda, bo bez tego wszystkiego wyglądasz normalnie, a nie jak artysta – byłem wyraźnie rozczarowany. – A gdy przyjdziesz po mnie do przedszkola, mógłbyś założyć chociaż korale? – zapytałem z nadzieją w głosie. – Mama ma takie ładne, różowe – dodałem.

– Mam przyjść po ciebie w różowych koralach? – zaśmiewał się tata.

Ech, nigdy nie uda mi się przerobić go na artystę – pomyślałem, machając z rezygnacją ręką.

Puk

Jak ja lubię chodzić z mamą do stajni. Mama czasem zabiera mnie ze sobą i idziemy odwiedzić wujka Marka. Wujek przygotowuje konie do zawodów, jeździ na nich, czasem robi im śliczne zdjęcia. Od wujka wiem, że konie śpią na stojąco i mieszkają w boksach, czyli takich małych pomieszczeniach. Każdy koń ma osobny boks.

– Wujku – powiedziałem. – W stajni powinny być lustra, żeby te konie mogły zobaczyć, jakie są piękne. O, na przykład ten – wskazałem na czarnego lśniącego konia. – On ma taką ładną, czerwoną wstążkę wplecioną w grzywę. Chyba lubi się stroić. Chodź, chodź koniku, zaraz cię pogłaszczę – powiedziałem, wyciągając do niego ręce.

– Tomek! – Wujek szybko złapał mnie za dłonie. – Nie możesz go pogłaskać. W ogóle się do niego nie zbliżaj. Widzisz, ta czerwona wstążeczka w jego grzywie wcale nie oznacza, że on lubi się stroić. Ta

46

wstążka to ostrzeżenie, że ten koń jest niebezpieczny, gryzie lub kopie. Jeśli kiedyś zobaczysz taką wstążeczkę u konia, to pamiętaj, że musisz zachować przy nim szczególną ostrożność, bo taki koń bywa złośliwy – wyjaśnił wujek.

Aha! To już wiem, czemu Agata z przedszkola nosi we włosach czerwone wstążki. To nie jest ozdoba, tylko ostrzeżenie. I rzeczywiście, niedawno ugryzła Jasia, wszystko się zgadza – pomyślałem.

– Tomek! – zawołał wujek. – Tutaj stoi Puk, on jest bardzo łagodny, możesz wejść do jego boksu i pogłaskać go. Tylko nie męcz go za bardzo, bo Puk jest chory, ma kłopoty z żołądkiem.

Puk jest piękny, cały rudy, jak młody lisek, tylko na czole ma małą, białą plamkę. Ale najpiękniejsze ma oczy. Duże, prawie czarne, błyszczące i jakby trochę smutne.

– Puk, Puk, dobry konik – powiedziałem i przytuliłem się do niego.

Był ciepły i pachniał sianem.

– Jesteś chory, biedaku – szepnąłem.

Puk powąchał mnie delikatnie i parsknął.

– Wiesz, jak ja byłem chory, to mama masowała mi brzuszek i to pomagało. Może tobie też pomoże – zastanowiłem się.

Puk nie protestował, więc głaskałem mu brzuch – wielki, ciepły i włochaty.

– Mama brała mnie też na kolana i kołysała leciutko – przypomniałem sobie. – Ale z tym byłby pewien problem, bo jak tu ciebie wziąć na kolana? Jesteś za duży – stwierdziłem. – Ale wiesz, Puk, nie martw się, jak wyzdrowiejesz, a ja nauczę się jeździć konno, to pojedziemy razem na wspaniały spacer. Najlepiej na piękną łąkę pełną pachnących traw i kwiatów. Ty będziesz się pasł, a ja położę się na kocyku i zjem loda. A jak nam się znudzi, to zawieziesz mnie do domu. Popędzimy sobie galopem i będziemy wyglądać tak pięknie, że

po drodze jakiś fotograf zrobi nam zdjęcie. Na drugi dzień to zdjęcie będzie we wszystkich gazetach. Jedną taką gazetę zaniosę do przedszkola i pokażę nasze zdjęcie wszystkim dzieciom, a pani może nawet powiesi je na ścianie – rozmarzyłem się.

– Tomku, czas wracać. Pożegnaj Puka i chodź – to był głos mamy.

– No to pa, kochany Puku. Jesteś najmilszym koniem na świecie i na pewno szybko wyzdrowiejesz – powiedziałem.

Przytuliłem się mocno do końskiej szyi, a Puk zarżał cicho na pożegnanie.

– Mamo, chciałbym częściej przychodzić z tobą do tej stajni. Zgodzisz się? – zapytałem.

– Chcesz pewnie uczyć się jeździć konno. To dobry pomysł – ucieszyła się mama.

– Nie całkiem o to chodzi. Chcę tu przychodzić, żeby rozmawiać z Pukiem. On jest bardzo inteligentny. Słucha, kiedy do niego mówię, nie przerywa mi i nie śmieje się ze mnie pod nosem, jak niektórzy dorośli. I ma wspaniały, ciepły, włochaty brzuch, do którego można się przytulić – powiedziałem.

– No, ja rzeczywiście nie mam takiego wspaniałego brzucha, ale chyba i tak czasem się do mnie przytulisz – powiedziała mama ze śmiechem i objęła mnie mocno.

Różyczka

Jak ja nie lubię chorować. Gdy leżę chory w łóżku, nie mogę bawić się z kolegami. Boli mnie głowa i w ogóle nie mam na nic ochoty ani siły. Dobrze chociaż, że mama poświęca mi wtedy więcej czasu, a wszyscy troszczą się o to, jak się czuję. A kiedy muszę połknąć lekarstwa, mama głaszcze mnie po głowie i mówi:

– Moje biedactwo.

Potem mnie całuje i przytula, i to jest w całym chorowaniu najlepsze.

Teraz też jestem chory, a moja choroba nazywa się dość dziwnie – różyczka. Wolałbym, żeby nazywała się jakoś poważniej, bardziej groźnie. Każdy wolałby chorować na przykład na nożownicę, czy tygrysicę, a nie na różyczkę. Różyczka to nazwa dobra dla dziewczyn. Kto to wymyślił?

– Czemu różyczka, a nie na przykład kaktusik albo tulipanek? – zapytałem mamę.

– Tomku, właściwie to wszystko jedno, jak się choroba nazywa. Ważne jest to, że musisz przez kilka dni zostać w domu. A wiesz, może ta nazwa wzięła się stąd, że osoba chora na różyczkę ma na całym ciele wysypkę, takie różowoczerwone, małe plamki. Można powiedzieć, że jesteś cały obsypany maleńkimi różyczkami – powiedziała mama. Po chwili dodała: – Niestety, nie będziesz mógł przez parę dni chodzić do przedszkola, bo pozarażałbyś inne dzieci.

Szkoda – pomyślałem. – Gdybym tak zaraził wszystkie dzieci w przedszkolu, to wtedy moglibyśmy bawić się ze sobą. Wszyscy mielibyśmy jednakowe plamki, jakby małe różyczki. I gdybyśmy stanęli tak blisko siebie, to byłby z nas cały bukiet róż.

Po kilku dniach spędzonych w domu czułem się już o wiele lepiej i bardzo chciałem spotkać się z kolegami.

– Niestety – powiedziała mama. – Jak długo masz tę wysypkę, nie możesz bawić się z dziećmi.

Wtedy przypomniałem sobie, że kiedyś zerwałem w ogródku kilka polnych kwiatów, potem położyłem je na stole i zapomniałem o nich. Kwiaty pozbawione wody szybko zwiędły, a rano były już uschnięte.

W takim razie – pomyślałem – jeśli pozbawię tę moją wysypkę z różyczek wody, to ona uschnie. A ja będę zdrowy.

Przez dwa wieczory odmawiałem wejścia do wanny. Nie dałem się namówić nawet na prysznic. Starannie unikałem wody. Myłem tylko ręce i to jedynie wtedy, gdy były bardzo brudne. Kiedy zbudziłem się trzeciego dnia, z niedowierzaniem obejrzałem swoje ręce, nogi i brzuch. Wszystkie czerwone plamki zniknęły.

– Huraaaaaa! Nie mam wysypki! Huraaaaaaaa! Mamo, jestem zdrowy! Zasuszyłem moje różyczki. Zasuszyłem i wyzdrowiałem! – krzyczałem na cały głos.

– Synku – powiedziała mama. – Dzieci zazwyczaj chorują na różyczkę kilka dni. Potem wysypka znika i dzieci wracają do zdrowia. Ty po prostu odchorowałeś już te kilka dni i teraz wygląda na to, że jesteś zdrowy.

– Ależ skąd! – zawołałem. – Gdybym się kąpał, to moje różyczki miałyby wodę i rosłyby sobie dalej. Ja je ususzyłem i dlatego jestem zdrowy. To był świetny pomysł, ale dorośli tego i tak nie zrozumieją.

– Rzeczywiście, nic nie rozumiem – powiedziała mama. – Martwię się tylko, żebyś po powrocie do przedszkola znowu nie zachorował. Słyszałam, że kilkoro dzieci z twojej grupy choruje na kolejną zakaźną chorobę. Tym razem na świnkę.

– Co takiego? – krzyknąłem. – Na świnkę? Jak ja ją ususzę? – zapytałem zmartwiony.

Smoki rurowe

Jak ja nie lubię smoków rurowych! Taki smok siedzi w rurze, którą odpływa woda z wanny. Każdy może się o tym przekonać. Wystarczy napełnić wannę wodą jak do kąpieli, a potem wyjąć korek. Wody zaczyna ubywać. Robi się wir i wciąga wszystko do dziury, którą ucieka woda. I słychać przy tym gulgotanie, pomruki, chrząknięcia. To właśnie smok, który siedzi w rurze, budzi się i złości. Odkąd myślę o tym smoku, nie mam ochoty na kąpiel.

Wczoraj kąpałem się spokojnie, a w wannie miałem pełno pachnącej piany. Rozmazywałem ją pięknie na kafelkach i brzegach wanny. Potem budowałem tratwę z klocków Lego. I wtedy mama powiedziała:

– Tomku, siedzisz w tej wannie już pół godziny, woda pewnie ostygła. Wyjmij korek i wyjdź, a ja cię powycieram.

Nie było rady, musiałem wyjść. A gdy wyjąłem korek, znowu usłyszałem te okropne odgłosy. Bardzo się przestraszyłem. Zobaczyłem też, że z mojej tratwy odpadło kilka klocków i te najmniejsze porwał wir. Kręciły się przez chwilę szybko nad otworem, którym odpływała woda. Potem coś je wciągnęło do środka czarnej rury. Wtedy też usłyszałem głośne gulgotanie. Tego było już za wiele, musiałem się rozpłakać. Przez łzy tłumaczyłem mamie:

– Mamo, w rurach siedzi okropny, śliski smok. On wciąga do rury wszystko, co jest w wannie. A jak jest zły, to głośno warczy i pomrukuje. Kiedyś może wciągnąć i mnie. Widziałaś, jak porwał moje klocki lego?

– Widziałam – powiedziała mama. – A czy pamiętasz, że wiele razy cię prosiłam, żebyś nie bawił się w kąpieli malutkimi przedmiotami? – spytała. I nie czekając na odpowiedź, dodała: – One wpadają do kanału i mogą go zatkać. Wtedy dopiero będzie kłopot. Trzeba będzie wzywać hydraulika i przetykać rury. Tomku, pomyśl. Jak smok może wciągnąć cię do rury, skoro ty jesteś taki duży? Przecież się tam nie zmieścisz. Poza tym w rurach nie ma żadnych smoków.

– Jeśli nie ma, to co tam tak hałasuje i kto porwał moje klocki? – zapytałem. I zaraz sam sobie odpowiedziałem: – Tam siedzi zielono-czarny, śliski smok. Ma łapy, do których wszystko się lepi, i jak kogoś chwyci, to już nie puści. A tam jest ogromnie dużo wody, jest bardzo głęboko i ciemno, i stamtąd już nigdy nie trafię do domu.

Jak tylko to sobie wyobraziłem, znowu się rozpłakałem.

– Och, nie płacz i nie wymyślaj niestworzonych historii. Jesteś już przecież dużym chłopcem. Tam nie ma żadnych smoków – powiedziała mama i poszła przygotować kolację.

Zostałem w łazience sam z wanną i smokiem, który na pewno gdzieś tam się czaił.

– Smoku – przemówiłem do niego. – Wiem, że siedzisz w tej rurze. Dlaczego wydajesz takie straszne odgłosy i mnie straszysz? Czy nie mógłbyś przenieść się do łazienki naszych sąsiadów? Przez ciebie boję się wejść do wanny. No i pożarłeś kilka moich klocków.

Nagle wpadłem na genialny pomysł. Ten smok jest po prostu głodny. Jak się naje, to nie będzie groźny. Może nawet da się oswoić? Tylko co jedzą smoki?

Pobiegłem do kuchni. Znalazłem tam mleko, dżem truskawkowy i parówki. Przyniosłem to wszystko do łazienki. Najłatwiej poszło z mlekiem. Wlałem je do otworu w wannie i smok wtedy radośnie zagulgotał. Dżem wkładałem łyżeczką, ale najgorzej było z parówkami. Właśnie próbowałem wcisnąć jedną z nich do rury, gdy do łazienki weszła babcia. Długo nie mogła zrozumieć, o co mi chodzi. Potem zaprowadziła mnie do łóżka i ustaliliśmy, że lepiej nie mówić nic mamie o karmieniu smoka, bo mogłaby się złościć. Ale właściwie dlaczego? Przecież to dobrze, że smok nie siedzi w rurze głodny. Nawet trochę mniej się go już boję. Może on kiedyś wyciągnie do mnie łapkę z tej rury i się przywitamy?

Jutro chciałbym mu wlać trochę zupy, tylko jak to wszystko wytłumaczyć mamie?

Szarzydła-Straszydła

Jak ja nie lubię zasypiać sam w ciemnym pokoju. Nie wiem, jak to się dzieje, ale mój pokój nie zawsze wygląda tak samo. Przez cały dzień pełno w nim słońca. We wszystkich kątach i na półkach leżą zabawki. W różnych schowkach mam ukryte moje największe skarby.

Ale wieczorem wszystko się zmienia. Mała lampka nocna oświetla tylko kawałek biurka i dywanik przy moim łóżku. Reszta pokoju ukrywa się w mroku. W ciemnych kątach i zakamarkach coś się czai. Coś się tam rusza, a znajome meble i zabawki wyglądają groźnie i obco. Wtedy boję się mojego pokoju. Myślę, że nocą przychodzą do niego zrobione z kurzu i mroku Szarzydła-Straszydła.

Jestem pewien, że jak długo mam oczy otwarte, to one boją się wyjść z kąta. Lecz gdy zamknę oczy, to mogą nadejść i nawet mnie

ugryźć. Dlatego nie wysuwam spod kołdry nawet czubka pięty czy dużego palca.

– Tomku – tłumaczy mi co wieczór mama. – Przecież wiesz, że w pokoju nikogo nie ma. Mogę zapalić światło, to się przekonasz.

– Mamo, jak jest jasno, one się chowają. Szarzydła-Straszydła są bardzo sprytne, a dorośli to w ogóle nigdy nie mogą ich zobaczyć – próbowałem wytłumaczyć.

Mama pokręciła z niedowierzaniem głową. Następnego wieczoru znowu nie chciałem wypuścić mamy z pokoju. Popłakałem nawet trochę, bo chciałem, żeby ktoś posiedział ze mną, aż zasnę. Wtedy przyszła do mojego pokoju babcia. Pogłaskała mnie po głowie i powiedziała:

– Tomku, wiem, że ze wszystkich pluszowych zwierzątek najbardziej lubisz psy. Uzbierałeś ich już sporo. Jak myślisz, czy twoje psy są dzielne i odważne? Potrafiłyby ostrzec i obronić cię przed niebezpieczeństwem?

– Pewnie, że tak – zachwalałem swoje pieski. – One nie boją się nikogo i słuchają tylko mnie, bo ja jestem ich panem.

– Więc zrobimy tak – powiedziała babcia. – Wybierz cztery swoje najgroźniejsze psy. Posadzimy po jednym w każdym rogu twojego łóżka. Wydaj im polecenie, żeby przez całą noc czuwały i strzegły cię przed Szarzydłami-Straszydłami. Niech nie pozwolą im się zbliżyć do twojego łóżka. Niech przez całą noc mają oczy szeroko otwarte. Wtedy Szarzydła nawet nosa nie wysuną ze swych kątów.

Natychmiast wyskoczyłem z łóżka i wybrałem cztery największe psy. Zdecydowałem się na wilczura o imieniu Pino, na jamnika Czarusia, na bernardyna Maksa i na pudelka Bari. Posadziłem psy w czterech rogach łóżka i wydałem im odpowiednie polecenia. Miały gryźć każdego, kto zbliży się do łóżka. Nie przewidziałem, że podejdzie babcia, by ucałować mnie na dobranoc. W ostatniej chwili uratowałem ją przed pogryzieniem. Wytłumaczyłem szybko psom, że babcia to nie Szarzydło-Straszydło i przed nią bronić mnie nie muszą.

Potem zapadłem w spokojny sen, a psy strzegły mnie całą noc. Rano poukładałem je na poduszce i okryłem kołdrą, żeby dobrze się wyspały i nabrały sił przed nocą.

Następnego wieczoru byłem już w łóżku, a psy siedziały w jego rogach, gdy mama przyszła pożegnać mnie przed snem. Właśnie miała mnie pocałować, kiedy nagle uniosła wysoko brwi i spytała:

– A to co?

Zdziwiło ją, że przed każdym pieskiem leżała na pościeli nieduża kość. Kości zostały po obiedzie. Gdy babcia wyniosła talerze

do kuchni, zabrałem cztery kostki i zaniosłem do mojego pokoju. Teraz karmiłem nimi psy.

– Tomku, te kości pobrudzą pościel. Nie mogą tu leżeć – powiedziała mama stanowczo.

– Mamo, te psy przez całą noc czuwały. Bronią mnie przed Szarzydłami. Muszę je dobrze karmić – tłumaczyłem.

– Zgoda, ale połóż te kości na talerzyku obok łóżka, a nie na pościeli – poleciła mama.

A przecież to jasne, że każdy pies woli mieć swoją kość tuż obok nosa, a nie na jakimś talerzyku obok łóżka. Ale ci dorośli nigdy tego nie zrozumieją.

Telefon

Jak ja lubię, kiedy zadzwoni telefon. Wtedy natychmiast ktoś zrywa się i biegnie, żeby podnieść słuchawkę. A potem bywa różnie. Gdy rozmawia przez telefon moja siostra Agnieszka, to rozmowa zdaje się nie mieć końca. Nigdy nie zrozumiem, po co ona opowiada komuś ze szczegółami, jak na przykład ubrana była wczoraj Jolka, którą spotkała przypadkiem na ulicy.

Natomiast tata rozmawia zazwyczaj krótko i często powtarza:

– Tak, tak, rozumiem, w porządku.

Mama, rozmawiając przez telefon, nie przerywa domowych zajęć. Trzyma słuchawkę przy uchu i jednocześnie gotuje zupę, prasuje lub przegląda gazetę. Nie wiem, jak jej się to wszystko nie pokręci.

Dziwna rzecz taki telefon. Można rozmawiać z kimś, kto mieszka bardzo daleko. Jak to jest, że jego głos jest nagle w naszej słuchawce? Nikogo nie widać, to czemu go słychać? Dziwne, bardzo dziwne.

Wystarczy, że telefon raz jeden zadzwoni, to już ktoś przy nim stoi. A w takim kaloryferze może cały dzień coś bulgotać i świszczeć i nikt do niego nie podejdzie.

Wczoraj po raz pierwszy odebrałem telefon, bo siostra nie chciała, a nikogo innego nie było w domu. Zanim zdążyłem podnieść słuchawkę, siostra uprzedziła mnie:

– Jeśli to dzwoni Teresa, to powiedz, że mnie nie ma w domu.

Podniosłem słuchawkę, a tam jakiś głos powiedział:

– Dzień dobry, tu Teresa, zastałam Agnieszkę?

Wtedy ja zapytałem:

– Czy to na pewno mówi Teresa?

– Tak, to ja – odpowiedział głos.

– To dobrze, bo moja siostra powiedziała, że jeśli zadzwonisz, to mam powiedzieć, że jej nie ma w domu. No więc ci to mówię. Ale nie martw się, bo ona oczywiście jest i stoi tuż obok – wyjaśniłem zadowolony, że dobrze się spisałem.

Agnieszka spojrzała na mnie tak, że gdyby mogła zabijać wzrokiem, to leżałbym już martwy. Wyrwała mi słuchawkę i długo tłumaczyła coś tej Teresie.

Zdarzyło się też, że raz ja sam zadzwoniłem do kogoś. Po prostu bawiłem się telefonem i przycisnąłem siedem różnych cyferek. Wtedy nagle w telefonie rozległ się poważny głos:

– Słucham.

Szybko odłożyłem słuchawkę. No bo jeżeli ktoś sobie czegoś słucha, to chyba nie powinienem mu przeszkadzać.

Potem pochwaliłem się babci, jak grzecznie postąpiłem. A ona na to:

– Kochanie, daj już sobie lepiej spokój z tym telefonem.

Ale wyraźnie widziałem, że się uśmiechała pod nosem. No i z czego tu się śmiać?

Urodziny

Jak ja lubię mieć urodziny. To nie jest dobry pomysł, że urodziny można mieć tylko raz w roku. Taki fantastyczny dzień powinien zdarzać się częściej.

Moje urodziny są już jutro. Jak chciałbym spędzić ten dzień? – zadałem sobie pytanie. – Na pewno chcę dostać prezent – wymarzoną koparkę. Chciałbym też pójść na lody, mieć dużo gości i spędzić ten dzień z mamą – rozmarzyłem się. Mama pracuje w szpitalu i nie ma dla mnie zbyt wiele czasu. Tym razem jednak zrobiła mi wspaniałą niespodziankę. Poprosiła w szpitalu o jeden dzień wolny od pracy.

– Tomku – powiedziała. – Jutro spędzimy cały dzień razem i zrobimy wszystko, na co będziesz miał ochotę.

– Naprawdę? No to czy mógłbym tej nocy spać z wami w sypialni? Wiem, że chcecie, żebym spał w swoim pokoju, bo jestem już duży, ale ten jeden raz, mamo – poprosiłem.

– No dobrze, ale tylko ten jeden raz – zgodziła się mama.

Zasnąłem więc przytulony do rodziców i pomyślałem, jak cudownie zaczynają mi się urodziny.

Rano nie było żadnej pobudki i nerwowego pośpiechu. Tata wstał wcześnie i cichutko wyszedł do pracy, a my z mamą spaliśmy smacznie i długo. Potem zjedliśmy razem śniadanie. I to żadne tam zupki mleczne, tylko sernik, lody i coca-colę. Wszystko zgodnie z moim życzeniem. Po śniadaniu ruszyliśmy na zakupy. Najpierw do sklepu z zabawkami. Tam na wystawie stała wymarzona koparka. Rodzice obiecali mi, że dostanę ją na urodziny, czyli dzisiaj. Nie mogłem uwierzyć, że wreszcie ją mam. Ciągle potrząsałem kartonowym pudełkiem, żeby sprawdzić, czy koparka jest w środku. Dostałem jeszcze śliczną, kolorową książeczkę i torbę pełną cukierków. Po udanych zakupach zrobiliśmy sobie długi spacer. Wreszcie stwierdziłem:

– Mamo, jestem okropnie głodny.

– Wracamy więc do domu – zadecydowała mama.

A na obiad nie było żadnych zup jarzynowych, tylko moje ulubione frytki, kotlety i lody.

Po obiedzie, ledwo mama skończyła dekorować pięknie tort, rozległ się dzwonek do drzwi. To urodzinowi goście: babcia z dziadkiem i czterech kolegów. Już w drzwiach powstało wesołe zamieszanie. Goście składali mi życzenia, wręczali kwiaty i prezenty, a mama zapraszała wszystkich do środka. Urodzinowe przyjęcie przeciągnęło się do wieczora. Kiedy wyszli ostatni goście, byłem już bardzo zmęczony i senny.

Ledwo mama położyła mnie do łóżka, gdy w drzwiach pokoju pojawił się tata. Właśnie wrócił z pracy i jeszcze w płaszczu przyszedł mnie uścisnąć i złożyć życzenia. Opowiedziałem mu, jak minął dzień. Pokazałem swoją nową, wspaniałą koparkę i inne prezenty. Gdy skończyłem, tata otulił mnie kołdrą, pogłaskał po głowie i zapytał:

– A co chciałbyś dostać ode mnie na zakończenie tak wspaniałego dnia?

Byłem zaskoczony. Właściwie nic nie przychodziło mi do głowy. Dostałem dzisiaj więcej prezentów, niż się spodziewałem. Czego jeszcze mógłbym chcieć? Szukając pomysłu, spojrzałem w okno. A tam na ciemnym niebie błyszczał okrągły jak talerz, srebrzysty księżyc.

– Chciałbym dostać księżyc – stwierdziłem sennym głosem.

– Dobrze – odparł tata. – Na tę jedną noc go dostaniesz. Zaczekaj chwilę – poprosił i wyszedł z pokoju.

Po chwili wrócił, ale już od drzwi zapowiedział:

– Teraz, synku, zamknij oczy i obiecaj, że otworzysz je dopiero, jak ci pozwolę.

– Dobrze – zgodziłem się, choć korciło mnie bardzo, żeby zobaczyć, jak tata ściąga z nieba księżyc.

Wreszcie tata powiedział:

– Teraz otwórz oczy i spójrz. Na podłodze obok twojego łóżka leży księżyc dla ciebie.

Z niedowierzaniem otworzyłem oczy. W pokoju było ciemno, a na dywaniku, który zawsze leżał przy moim łóżku, błyszczał wspaniały, srebrzysty księżyc. Aż otworzyłem usta ze zdumienia. Dotknąłem księżyca ręką. Był zimny i gładki.

– Masz swój księżyc – powiedział tata i ucałował mnie na dobranoc. – Tylko w taki sposób mogłem ci go podarować – dodał.

Spojrzałem w okno. A tam na niebie błyszczał identyczny księżyc jak ten, który leżał obok łóżka.

– Jak to, więc są dwa? – zdziwiłem się. Okazało się, że tata położył na podłodze duże lustro, które zawsze wisiało w łazience. W tym

lustrze odbił się wiernie prawdziwy księżyc. Ten odbity w lustrze był dla mnie od taty.

– Dziękuję – szepnąłem.

Tata jest wspaniały – zdążyłem jeszcze pomyśleć. I wpatrując się w swój księżyc, zasnąłem.

Wiaderko

Jak ja lubię bawić się w piaskownicy. Zwłaszcza jeśli niedawno padał deszcz, bo wtedy piasek jest mokry i łatwo daje się lepić. Dawno nie udało mi się zrobić tak wspaniałych babek z piasku. Bawiłem się razem z Krzysiem, Martą i Darkiem. Do wybierania piasku najlepiej służyło nam plastikowe, niebiesko-żółte wiaderko. Gdy babcia przyprowadziła mnie do piaskownicy, ono już tam było. Podczas zabawy wszyscy korzystaliśmy z niego po kolei. Gdy trzeba było wracać do domu, Krzyś, Marta i Darek zebrali swoje zabawki.

– Jeszcze wiaderko – przypomniałem im.

– Ono nie jest nasze. Myśleliśmy, że należy do ciebie – powiedziała Marta i pobiegła za mamą.

W piaskownicy nie było już nikogo, tylko ja, piasek i wiaderko. Szybko otrzepałem je z piasku i włożyłem do niego moje foremki.

– Dziękuję – powiedziałem w stronę piaskownicy i wróciliśmy z babcią do domu.

– Dobrze, że już jesteście, obiad gotowy – przywitała nas w progu mama.

A gdy zdejmowaliśmy buty, zauważyła wiaderko i spytała:

– Skąd je masz?

– Ładne, prawda? Jest moje – wyjaśniłem.

– Ale skąd je masz? – nie ustępowała mama.

– Z piaskownicy – odpowiedziałem.

– W piaskownicy nie kupuje się wiaderek. Jeśli tam leżało, to na pewno jakieś dziecko zapomniało je zabrać – tłumaczyła mama.

– Nieprawda. Wszystkie dzieci zabrały swoje zabawki, a ono zostało. Teraz jest moje – starałem się przekonać mamę.

– To wiaderko byłoby twoje tylko wtedy, gdybyś je kupił lub dostał. Z tego, co mówisz, wynika, że zabrałeś coś, co nie należy do ciebie, a tak robić nie wolno – upierała się mama.

– Nieprawda. Ja je dostałem. Dostałem je od piaskownicy – powiedziałem.

– Co takiego? – zdumiała się mama.

– Tak, bo to jest taka specjalna piaskownica. Jeśli dziecko wrzuca do niej śmieci albo sypie komuś piasek na głowę lub w ogóle jest niegrzeczne, to ta piaskownica połyka mu jakąś zabawkę. No, robi się taki dołek, do którego wpada łopatka czy foremka, i już nie można jej znaleźć, choćby wszyscy szukali nie wiem jak długo. A jak dziecko jest grzeczne i ładnie się bawi, to piaskownica wypluwa dla niego jakąś zabawkę. Wtedy dziecko znajduje nagle na przykład takie wiaderko i ono jest już jego. No i właśnie dla mnie piaskownica je wypluła – powiedziałem, wskazując na wiaderko.

Mamie z wrażenia brwi uniosły się wysoko do góry.

– Co ty powiesz! A dostałeś już wcześniej coś od tej piaskownicy? – spytała.

– Tak, kiedyś wypluła dla mnie pieniążek. Znalazłem go, jak kopałem moją koparką głęboki dołek. Teraz ten pieniążek leży na półce w moim pokoju – wyjaśniłem.

Mama zastanawiała się nad czymś przez chwilę, a potem powiedziała:

– Wiesz, ja myślę, że powinniśmy jednak odnieść to wiaderko. Może piaskownica połknęła je jakiemuś dziecku, które było niegrzeczne, bo miało na przykład zły dzień. A teraz ktoś szuka go i martwi się, no i pewnie już wie, że w piaskownicy trzeba się bawić grzecznie. Najlepiej by było, gdyby piaskownica wypluła je właśnie dla niego. A tobie po drodze do parku kupimy taki kolorowy komplet: wiaderko, łopatkę i grabki. Byłeś ostatnio bardzo grzeczny i zasłużyłeś na prezent. Co ty na to? – spytała mama.

– Naprawdę dostanę taki komplet? To super! A to wiaderko umyję i możemy je oddać piaskownicy.

– Doskonale. Kamień spadł mi z serca, że się nie upierasz, by je koniecznie zatrzymać – ucieszyła się mama.

– Duży był? – spytałem.

– Kto? – zdziwiła się mama.

– Kamień – wyjaśniłem.

– Jaki kamień? – pytała dalej.

– No ten, co spadł ci z serca. I w ogóle, to gdzie on spadł, bo nie zauważyłem? I skąd on ci się tam wziął? – chciałem wiedzieć.

– To się tylko tak mówi, Tomeczku – uśmiechnęła się mama.

Jak ja mówię, że piaskownica wypluła mi wiaderko, bo byłem grzeczny, to mama patrzy na mnie dziwnie. A potem sama ma jakieś spadające kamienie, których nie można zobaczyć – pomyślałem.

– Mamo, jeśli sądzisz, że powinniśmy odnieść to wiaderko, to może ty też połóż sobie z powrotem ten kamień. Żeby już wszystko było na swoim miejscu, co? – zaproponowałem.

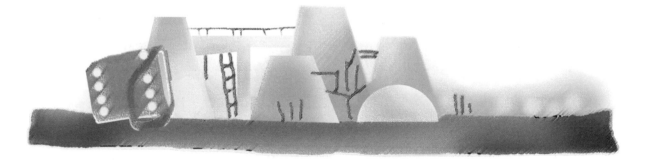

Zapach mamy

Jak ja nie lubię, kiedy mama gdzieś wyjeżdża. Dom bez mamy jest jakiś inny. A jutro znowu wyjedzie na kilka dni – westchnąłem. – Więc jeszcze tylko dziś przytuli mnie przed snem, bo jutro... Nagle poczułem, jak w gardle rośnie mi wielka kula, a z oczu kapią łzy.

– Tomeczku, kochanie, wiem, że ci przykro, ale to tylko trzy dni. Tata i babcia wspaniale się tobą zaopiekują. A ja szybko wrócę i przywiozę ci jakąś pamiątkę z tej podróży. Obiecuję. No już, uśmiechnij się do mnie, skarbie – szepnęła mama i przytuliła mnie mocno.

– Mamo, jak jesteś blisko, zawsze czuję taki ładny zapach. Poznałbym cię po nim wśród tysiąca innych mam – powiedziałem.

– Tak pachną moje ulubione perfumy. Cieszę się, że ten zapach ci się podoba – powiedziała mama, uśmiechnęła się i wyszła z pokoju.

Po chwili wyskoczyłem z łóżka i pobiegłem do łazienki.

– Mam genialny pomysł. Gdzieś tu musi być... – mruknąłem, przeszukując półkę z kosmetykami mamy. – Ile tego tu jest – zdziwiłem się, przesuwając pudełeczka z kremami, szminki, tubki i pędzelki. Wreszcie trafiłem na mały, śliczny flakonik i powąchałem go.

– Znalazłem, to te perfumy – odetchnąłem z ulgą.

Potem poszedłem do kuchni i wybrałem trzy małe słoiczki po dżemie. Takie słoiczki babcia starannie myła i przechowywała w kuchennej szafce.

Teraz do każdego słoiczka prysnę trochę tych perfum i szybko zakręcę wieczko. Będę miał w nich zapach mamy. Po jednym słoiczku na każdy wieczór, kiedy jej nie będzie – ucieszyłem się.

A kiedy w każdym słoiczku uwięziony już był piękny zapach, szybko schowałem je do swojej szafki i nareszcie mogłem zasnąć.

Tak jak przewidywałem, dni bez mamy, a zwłaszcza wieczory, zdawały się nie mieć końca. Ale najbardziej tęskniłem za nią, kiedy nadchodziła pora snu. Babcia czytała mi wtedy długą bajkę, a tata zawsze całował przed snem, ale kiedy tylko wyszli z pokoju, wyjmowałem z szafki słoiczek. Odkręcałem wieczko i zamykałem oczy. Otaczał mnie wtedy zapach, jakby ramiona mamy.

– Dobranoc, mamusiu – szeptałem i dopiero wtedy nadchodził sen.

Tak było przez dwa wieczory, ale trzeciej nocy długo nie mogłem zasnąć.

– Mama wraca jutro rano do domu. Pewnie jak się zbudzę, ona już tu będzie – cieszyłem się.

Wreszcie usnąłem zmęczony, zaciskając w ręce słoiczek. Ale co to?! Mama jest zamknięta w moim słoiku! Puka paluszkiem w szklaną ścianę i chyba chce wyjść.

– Ojej, co ja zrobię z taką maleńką mamą? Mogę ją wsadzić do któregoś z moich wyścigowych samochodzików, teraz się tam

zmieści. A już na pewno uda mi się wepchnąć ją do mojej ulubionej koparki – pomyślałem.

Odkręciłem więc słoiczek i pomogłem mamie z niego wyjść.

Nagle poczułem zapach mamy i jej ręce na swojej buzi. Potem mama dała mi całusa.

– Dzień dobry, kochanie! – to był jej głos.

Obudziłem się i przetarłem oczy.

– Mamo, jak ty szybko urosłaś – zawołałem.

– Coś takiego! Czyżbym się przez te trzy dni powiększyła? – zaśmiała się mama i położyła na poduszce piękny złoty gwizdek i następne autko do mojej kolekcji.

– Dziękuję, mamo! Jest super, szkoda tylko, że się już do niego nie zmieścisz – powiedziałem.

– No, gdybym była taka mała, nie mogłabym zrobić ci omletów na śniadanie – uśmiechnęła się mama.

– Hura! Omlety! – zawołałem, wyskakując z łóżka.

Jak dobrze, że mama jest duża, wielka, ogromna! Tylko z czego ona się tam tak śmieje w tej kuchni?

Zguba

Jak ja nie lubię, kiedy mama gdzieś mi się zgubi. A właśnie wczoraj wydarzyło się coś takiego. Mama zabrała mnie na zakupy do ogromnego sklepu. Były w nim ruchome schody, dużo ludzi, świateł, reklam i półek. Na tych ogromnych półkach leżały różne paczki, pudełka, puszki, słoiki z jedzeniem i piciem, a także stosy ubrań, butów i sam nie wiem czego jeszcze. Na podłodze były wielkie lodówki, które zamiast stać – leżały, a w nich ułożone były mięso i kiełbasy. Obok stały skrzynie z owocami i ogromne kosze z bułkami i chlebem.

Mama właśnie podeszła do stoiska z ciastkami, gdy zobaczyłem coś fantastycznego. Za półkami pełnymi soków stały prawdziwe namioty – wielkie wojskowe i takie malutkie, w których mieści się tylko jeden człowiek. Były też inne, w których zmieściłaby się

taka rodzina jak nasza. Pomiędzy namiotami leżały kamienie i prawdziwy piasek. To było super!

Natychmiast wczołgałem się do pięknego, zielonego namiotu. W środku leżał nadmuchany materac i śpiwór. Położyłem się więc wygodnie i zaraz wyobraziłem sobie, że jestem Indianinem. Postanowiłem przeszukać wszystkie namioty, żeby sprawdzić, czy nie ukrywają się tam moi wrogowie. Czołgałem się więc od jednego do drugiego, a potem przez małe, plastikowe okienka obserwowałem przechodzących ludzi.

Zwróciłem uwagę na wysokiego pana, który miał gęstą, brązową brodę i dokładnie oglądał wszystkie namioty. Skoro ja byłem Indianinem, to uznałem, że ten brodacz jest dzikim niedźwiedziem, który chce mnie złapać. Postanowiłem go zaskoczyć i upolować. Schowałem się w dużym, szarym namiocie, a gdy on tam zajrzał, wrzasnąłem:

– Poddaj się! Jestem nieustraszonym wojownikiem!

Mój niedźwiedź aż przysiadł na tylnych łapach z wrażenia, a potem przemówił ludzkim głosem:

– Och, ty mały smyku, ale mnie zaskoczyłeś!

Wolałem nie wiedzieć, co jeszcze ma mi do powiedzenia. Postanowiłem darować mu życie i szybko wyskoczyłem z namiotu. Chciałem znaleźć się blisko mamy.

I wtedy się okazało, że nie wiem, gdzie ona jest. Ze strachu zabrakło mi tchu.

Pobiegłem przed siebie i płacząc, szukałem jej wszędzie. Wydawało mi się, że zaraz zwalą się na mnie wszystkie półki pełne towarów. Ten sklep wydawał się nie mieć końca. Byłem pewien, że zostanę już w nim na zawsze.

Wtedy podszedł do mnie jakiś pan i zapytał:

– Chłopcze, co się stało? Czemu płaczesz?

Już chciałem mu powiedzieć, ale przypomniałem sobie, że mama zabroniła mi rozmawiać z nieznajomymi.

Pobiegłem więc dalej. Byłem zrozpaczony. Poprzez łzy niczego nie widziałem dokładnie, tylko same kolorowe plamy. Nigdy nie rozpoznam wśród nich mamy – myślałem przerażony.

Wtedy podjechała do mnie dziewczyna na wrotkach. Takie dziewczyny pracują w wielkich sklepach. Mają na nogach wrotki, żeby szybko się poruszać, i w razie potrzeby pomagają klientom.

– Widzę, że masz kłopot. Masz, napij się – powiedziała i podała mi butelkę soku.

Dopiero wtedy poczułem, jak bardzo chce mi się pić. Wypiłem sok i krzyknąłem:

– Nie wiem, gdzie jest moja mama! Zgubiłem się!

Dziewczyna na wrotkach uśmiechnęła się łagodnie.

– Chodź – powiedziała i przyprowadziła mnie do kasy. – Jak masz na imię? – zapytała.

– Nie wiem – szepnąłem. Ze strachu zapomniałem, jak się nazywam.

– Nie szkodzi. Ja mam na imię Ewa. Nie martw się, znajdziemy twoją mamę – pocieszyła mnie. Potem wzięła do ręki mikrofon, który leżał obok kasy i powiedziała:

– Przy kasie numer 13 czeka na mamę chłopczyk. Ubrany jest w niebieskie spodnie i granatową koszulę.

W całym sklepie słychać było jej słowa. Ludzie przystawali i patrzyli na nas, a ja znowu zacząłem płakać.

Nagle otoczyły mnie czyjeś ramiona. Nie musiałem otwierać oczu, poznałem ten zapach.

– Tomeczku, jak dobrze, że jesteś. Tak się martwiłam, gdy zniknąłeś mi z oczu – powiedziała mama. – Dziękuję pani – zwróciła się do Ewy, a ta uśmiechnęła się tylko i odjechała na swoich wrotkach.

– Mamo, tam jest taki piękny namiot. W sam raz dla nas, kupimy go? – spytałem.

– Namiot? A po co nam namiot? Gdzie my go rozbijemy? – dziwiła się mama.

– Coś ty, mamo! Namiot nie jest ze szkła, żeby go rozbijać – oburzyłem się.

No i z czego ta mama tak się śmiała?

! Złość !

Jak ja nie lubię, kiedy do przedszkola przychodzi nowe dziecko. Od razu robi się zamieszanie. Taki nowy nie chce się z nami bawić, tylko ciągle płacze, a nasza pani musi poświęcać mu dużo czasu, zamiast bawić się z nami.

Nie inaczej było z Igorem. Już w szatni za nic nie chciał rozstać się z mamą. Złościł się, kiedy zdejmowała mu kurtkę i ciągle powtarzał:

– Ja chcę do domu!

Dopiero kiedy nasza pani wzięła go na ręce i zaniosła do sali, jego mamie udało się wyjść. Igor nie chciał z nikim się bawić, usiadł na parapecie i wypatrywał przez okno, czy nie nadchodzi jego mama.

Kiedy przed obiadem pani poprosiła nas o umycie rąk i wszyscy pognali do łazienki, Igor nie ruszył się z miejsca. Powiedział, że ręce

myje tylko w domu. Właściwie to nie musiał myć tych rąk, bo obiadu i tak nie zjadł.

– To nie jest taki obiad jak u mnie w domu – powiedział i odsunął talerz.

Ale najgorzej było, gdy stało się jasne, że Igor musi iść do toalety. Pani zachęcała go, żeby się pospieszył, póki nie jest za późno. Wtedy Igor, przestępując z nogi na nogę, powiedział:

– Nie mogę.

– Dlaczego nie możesz? – zdziwiła się pani.

– Bo tu nie ma mamy, a ona zawsze mnie chwali, kiedy skończę – wyjaśnił Igor i widać było, że jest już u kresu wytrzymałości.

– Wiesz co, Igor? Nie ma innego wyjścia, musisz iść do toalety, a potem pochwal się sam – poradziła pani.

Igor popatrzył na nią zdziwiony, ale nie protestował, kiedy pani wzięła go za rękę i zaprowadziła do toalety. Po chwili zza zamkniętych drzwi rozległ się okrzyk zachwytu i głos Igora:

– Wspaniale, mądry chłopczyk. Brawo, Igorku.

Po obiedzie pani przeczytała nam bajkę o Tomciu Paluchu. Bardzo podobały nam się przygody Tomcia, ale Igor nagle wybuchnął płaczem. Dopiero po chwili, gdy pani udało się go uspokoić, Igor powiedział z pretensją w głosie:

– Dlaczego taka ładna bajka jest o Tomku, a nie o Igorze Paluchu? To niesprawiedliwe!

Wtedy dzieci zaczęły się śmiać z Igora.

– To może nie powinno być bajki o Calineczce, tylko o Igoreczku? – wyśmiewał się Patryk.

– Albo o Igorku i siedmiu krasnoludkach – wołała Kasia.

Wszyscy przekręcali różne tytuły bajek i śmiali się do łez.

Igor rozzłościł się na dobre, krzyczał na dzieci, tupał i robił straszne miny.

– Dzieci, dość tych żartów. Proszę o spokój – pani powiedziała to takim tonem, że na sali od razu zrobiło się cicho.

– Igor, widzę, że jesteś bardzo zły. Poradzę ci coś. Wyrzuć tę swoją złość do kosza. Po co ci ona? Ja też jestem zła, że tak hałasujecie i zobacz, co zrobię – powiedziała pani.

Potem podeszła do kosza i pokazała, że strząsa tam coś ze swoich rąk. Wreszcie wróciła na miejsce i z błogim uśmiechem usiadła na krześle.

– O, jak teraz dobrze – powiedziała miłym głosem.

Igor niepewnie podszedł do kosza i zajrzał do niego. Stojąc nad koszem, wykonał taki ruch, jakby wrzucał tam papierek. Gdy skończył, usiadł obok pani, a ona poczęstowała go cukierkiem.

Wszystkim dzieciom się to spodobało. Pani poprosiła, żeby każdy z nas, gdy poczuje, że jest bardzo zły, szybciutko wyrzucił swoją złość.

To świetny pomysł, nie mogę się już doczekać, kiedy będę zły – pomyślałem.

Tego dnia jak zwykle mama odebrała mnie z przedszkola i spacerkiem poszliśmy na przystanek tramwajowy. Tam zobaczyłem parę młodych ludzi, którzy kłócili się ze sobą. Rozmawiali tak głośno, że wszyscy czekający na tramwaj zaczęli się im przyglądać. Chłopak mówił coś ze złością, a dziewczyna, potrząsając nerwowo głową, odwróciła się do niego plecami. Zanim mama zdążyła złapać mnie za rękę, podszedłem do tej pary i powiedziałem:

– Wyrzućcie swoją złość do kosza, który tu stoi, bo kłócić się jest brzydko.

Popatrzyli na mnie zdumieni, więc dodałem:

– Tak się robi, naprawdę. Nasz kolega w przedszkolu tak zrobił i potem przez resztę dnia już nie płakał i z nikim się nie kłócił.

Młodzi ludzie uśmiechnęli się, potem chłopak objął dziewczynę i nie czekając na tramwaj, poszli powoli przed siebie.

– Ojej! To działa! – krzyknąłem zachwycony.

Zły dzień

Jak ja nie lubię, kiedy przytrafi mi się zły dzień. Zły dzień to taki, kiedy budzę się rano w złym humorze, za oknem pada deszcz, mama mnie pogania, w moim kubku z mlekiem pływa kożuch, a na obiad jest zupa jarzynowa. Na dodatek dzisiaj w przedszkolu zupełnie nie udał mi się rysunek. Próbowałem go poprawić, ale w końcu postanowiłem narysować drugi, lepszy. Ledwo się do niego zabrałem, a tu pani kazała oddać rysunki, umyć ręce i usiąść do obiadu. Rysunki innych dzieci były gotowe i pani powiesiła je na ścianie. Mój był niedokończony, więc odłożyła go na bok i powiedziała:

– Ten rysunek dobrze się zapowiada. Szkoda, że zabrakło ci czasu. Może dokończysz go w domu?

No tak. Rysunki innych dzieci wisiały sobie na ścianie i wszyscy je podziwiali, a ja miałem swój zabrać do domu. Nie, nie ma sprawiedliwości na tym świecie. Byłem tego pewny.

Potem, myjąc ręce, zamoczyłem sobie rękaw, a na koniec pani postawiła przede mną talerz dymiącej zupy jarzynowej posypanej zieloną pietruszką. Wtedy już wiedziałem na pewno, że to jest mój zły dzień.

I nie myliłem się, bo za chwilę w szatni pokłóciłem się z Piotrkiem. Poszło o rękawiczki. On ma takie same jak ja – granatowe w białe gwiazdki. Zupełnie zapomniałem, że moje schowałem do kieszeni kurtki. Zabrałem więc z półeczki rękawiczki Piotrka i je założyłem. Gdy Piotrek to zobaczył, wrzasnął:

– To moje!

I próbował zerwać mi je z rąk. Więc ja zacisnąłem dłonie w pięści. Wtedy Piotrek rozpłakał się, a płakał tak głośno, że z kuchni wybiegły panie kucharki. Podczas tego zamieszania nadeszła mama. Zajrzała do kieszeni w kurtce i znalazła rękawiczki. Miałem więc już dwie pary. Jedną na rękach, drugą w kieszeni. A obok stał Piotrek, który nie przestawał płakać. Mama oddała mu rękawiczki, a ja musiałem go przeprosić. Dopiero wtedy udało nam się wyjść z przedszkola.

Ze złości przez całą drogę do domu nie powiedziałem ani słowa. Może to i dobrze, bo mama też była rozdrażniona. Jak się okazało, w domu nie było o wiele lepiej. Szukałem właśnie czegoś w moim plecaku, który wisiał w przedpokoju, gdy usłyszałem głosy rodziców. Siedzieli przy stole w kuchni i rozmawiali. Drzwi były lekko uchylone. Przystawiłem do nich ucho. Wiem dobrze o tym, że nie wolno podsłuchiwać, ale byłem taki ciekawy, o czym mówią, że to ta ciekawość przyciągnęła moje ucho do szparki w drzwiach. Tata powiedział:

— Mam go już naprawdę dość! Jest po prostu beznadziejny!

— Tak, masz rację. W tej sytuacji nasza niedzielna wycieczka za miasto jest wykluczona – dodała mama.

– Oczywiście – odparł tata. – Odechciało mi się wszelkich wyjazdów. Najchętniej jeszcze dziś bym się go pozbył.

– I pomyśleć, że kiedyś tak go lubiłeś – westchnęła mama.

Stałem, przerażony tym, co usłyszałem. A więc rodzice są na mnie aż tak źli. Pewnie za ten zmoczony rękaw, niedokończony rysunek i awanturę w szatni.

A więc już mnie nie kochają. Tata chciałby pozbyć się mnie nawet jeszcze dzisiaj – przemknęło mi przez głowę.

Pobiegłem do swojego pokoju i się rozpłakałem. Czułem się okropnie nieszczęśliwy i samotny. Wtedy weszła mama.

– Co się stało, czemu płaczesz? Tomeczku, źle się czujesz? – pytała.

– Wszystko jedno, przecież i tak mnie nie kochacie, chcecie się mnie pozbyć. Jestem przecież beznadziejny. Wiem, wiem, wszystko słyszałem! – krzyczałem przez łzy.

– Co słyszałeś? Kto o tobie tak mówił? – dziwiła się mama.

– Jak to kto? Wy! Przed chwilą w kuchni! – powiedziałem.

– Jak to słyszałeś, skoro cię z nami nie było? Czyżbyś podsłuchiwał? – mama pokręciła z niezadowoleniem głową.

– No tak troszkę. Ale... – próbowałem się usprawiedliwić.

– Nie ma żadnego ale. Wiesz, że brzydko jest podsłuchiwać. Teraz masz nauczkę. Zrobiło ci się przykro, bo myślałeś, że mówimy o tobie. A tata mówił nie o tobie, tylko o naszym samochodzie. Zepsuł się dzisiaj po raz kolejny. Nie możemy więc nim jechać na wycieczkę w niedzielę. Tata chce się go pozbyć. Musimy kupić nowe auto – wyjaśniła mama.

– To znaczy, że nie mówiliście o mnie?! Naprawdę?! I będziemy mieli nowe auto?! Hura! – wykrzyknąłem.

– A jakie auto podobałoby ci się najbardziej? – zapytał tata, który właśnie wszedł do pokoju.

– Duże! Czerwone! Najlepiej koparka – rozmarzyłem się.

No i z czego oni się śmieją – pomyślałem, patrząc na rodziców.
I tak wiem, że nie kupią koparki, bo po pierwsze nie znają się
na samochodach, a po drugie ja mam dzisiaj zły dzień.

SPIS TREŚCI

Projekt okładki i ilustracje: Iwona Cała

Korekta: Aleksandra Gietka-Ostrowska

ISBN 83-89685-12-4

Wydanie II

Wydawnictwo „bis"
ul. Lędzka 44a
01-446 Warszawa

tel. (0-22) 877-27-05, fax (0-22) 837-10-84
e-mail: bisbis@wydawnictwobis.com.pl
www. wydawnictwobis.com.pl

Druk i oprawa: Białostockie Zakłady Graficzne S.A.